Svenja Esser

Selbstverletzendes Verhalten bei Jugendlichen

Psychoanalytische Erklärungsversuche

GRIN Verlag

Bibliografische Information der Deutschen Nationalbibliothek:

Die Deutsche Bibliothek verzeichnet diese Publikation in der Deutschen National-bibliografie; detaillierte bibliografische Daten sind im Internet über http://dnb.d-nb.de/ abrufbar.

Dieses Werk sowie alle darin enthaltenen einzelnen Beiträge und Abbildungen sind urheberrechtlich geschützt. Jede Verwertung, die nicht ausdrücklich vom Urheberrechtsschutz zugelassen ist, bedarf der vorherigen Zustimmung des Verlages. Das gilt insbesondere für Vervielfältigungen, Bearbeitungen, Übersetzungen, Mikroverfilmungen, Auswertungen durch Datenbanken und für die Einspeicherung und Verarbeitung in elektronische Systeme. Alle Rechte, auch die des auszugsweisen Nachdrucks, der fotomechanischen Wiedergabe (einschließlich Mikrokopie) sowie der Auswertung durch Datenbanken oder ähnliche Einrichtungen, vorbehalten.

Impressum:

Copyright © 2014 GRIN Verlag GmbH
Druck und Bindung: Books on Demand GmbH, Norderstedt Germany
ISBN: 978-3-656-82225-7

Dieses Buch bei GRIN:

http://www.grin.com/de/e-book/282335/selbstverletzendes-verhalten-bei-jugendli-chen

GRIN - Your knowledge has value

Der GRIN Verlag publiziert seit 1998 wissenschaftliche Arbeiten von Studenten, Hochschullehrern und anderen Akademikern als eBook und gedrucktes Buch. Die Verlagswebsite www.grin.com ist die ideale Plattform zur Veröffentlichung von Hausarbeiten, Abschlussarbeiten, wissenschaftlichen Aufsätzen, Dissertationen und Fachbüchern.

Besuchen Sie uns im Internet:

http://www.grin.com/

http://www.facebook.com/grincom

http://www.twitter.com/grin_com

Selbstverletzendes Verhalten bei Jugendlichen
Psychoanalytische Erklärungsversuche

Svenja Esser

Pädagogik

07.03.2014

1 Einleitung 2

2 Selbstverletzendes Verhalten bei Jugendlichen 3

    2.1 Begrifflichkeiten und Klassifikation der Erscheinungsformen 3

    2.2 Definition von selbstverletzendem Verhalten 4

    2.3 Zahlen und Fakten 5

3 Psychoanalytische Erklärungsversuche 5

    3.1 Grundüberlegung 5

    3.2 Hintergründe 6

        3.2.1 Störungen in der Kindheit 6

            3.2.1.1 Deprivation 6

            3.2.1.2 Traumata 7

        3.2.2 Dissoziation als Bewältigungsmechanismus 8

        3.2.3 Auswirkungen auf das Ich-Ideal und die Persönlichkeitsstruktur 9

    3.3 Funktionen von selbstverletzendem Verhalten für Betroffene und ihre

        Psyche 9

        3.3.1 „Wendung gegen das Selbst" 10

        3.3.2 Suizidprophylaxe 10

        3.3.3 Selbstfürsorge 11

        3.3.5 Verhinderung der Desintegration 11

4 Fazit und Ausblick 12

Glossar 14

Literaturverzeichnis 16

1 Einleitung

„Ein kleiner Versuch mich ins Licht zu rücken

An den Tag zu denken

Die Wand vergessen, an meinem Rücken

Mein Leben zu kontrollieren, meinen Hass zu lenken.

Doch ich habe Angst und lasse mich allein

Schließe die Tür

Und denke, es muss so sein

Einen Augenblick nach dem Schmerz frage ich mich, wofür?

Muss ich leiden

Um mein Leid zu vergessen?

Muss ich schweigen

Um zu verschweigen, um zu verdrängen, die Frage, bin ich besessen?

Habe ich den Verstand verloren?

Warum muss ich Schmerzen fühlen?

Und warum fühle ich mich für Augenblicke wie neu geboren?

Warum sind es Blutstropfen, die den brennenden Hass kühlen?

Erneut schließe ich die Tür hinter mir

Meine Hände zittern, mein Herz rast

Ich will nur weg von hier

Ich lasse mich fallen, und sterbe – fast."[1]

Das Thema „selbstverletzendes Verhalten" beziehungsweise Autoaggression be-
gegnete mir persönlich zum ersten Mal vor gut einem Jahr in einer Jugendpsychiatrie. Dort lernte ich ein sechzehn Jahre altes Mädchen kennen, deren Arme mit
Narben übersät waren, die durch häufiges Schneiden in die Haut, auch „Ritzen"
genannt, entstanden waren. Für diese Art der Verletzungen sensibilisiert sind mir
seitdem bei Jugendlichen in meinem alltäglichen Umfeld häufiger Spuren von
selbstverletzendem Verhalten aufgefallen. Zunächst stand ich diesem Phänomen

---

[1] http://www.rotelinien.de/poem54.html

relativ fassungslos gegenüber. Diese Selbstverstümmelungen mussten doch sehr schmerzhaft sein und hinterließen zudem noch hässliche Narben. Ich konnte absolut nicht verstehen, warum jemand sich selbst bewusst Schmerzen zufügt, und dabei sogar Spuren in Kauf nimmt, die ein Leben lang zu sehen sind. In den seltensten Fällen reden die Betroffenen über ihre Gründe für dieses Verhalten. Daher stellte ich mir die Frage, was Jugendliche dazu drängt, sich selbst zu verletzen. Diese Facharbeit bietet mir nun die Gelegenheit, mich näher mit dem Thema zu befassen. Da ich mich - auch durch meine eigene psychoanalytische Therapie - sehr für die Psychoanalyse als Wissenschaft interessiere und die Grundüberlegungen Freuds ein wichtiger Bestandteil des Lehrplans in der QI sind, habe ich mich für die psychoanalytischen Erklärungsversuche für selbstverletzendes Verhalten bei Jugendlichen als Thema entschieden. Im den folgenden Ausführungen werde ich Fachtermini, die ich im anliegenden alphabetischen Glossar erklärt habe, mit einem * markieren.

2 Selbstverletzendes Verhalten bei Jugendlichen

2.1 Begrifflichkeiten und Klassifikation der Erscheinungsformen

Die Literatur zu selbstverletzendem Verhalten besitzt keine einheitliche Terminologie und zahlreiche Begriffe werden teilweise als Synonyme und mit unzureichender Abgrenzung verwendet.[2] Im Folgenden werde ich mich auf die direkte Selbstschädigung konzentrieren und indirekte Formen, wie beispielsweise Drogen- und Alkoholkonsum[2], vernachlässigen. Zunächst wird „der Ausdruck [der] ‚Autoaggression' als Oberbegriff für alle Formen selbstschädigenden Verhaltens verwendet"[3] und lässt sich wiederum in Handlungen mit und ohne suizidale Absicht unterteilen. Autoaggressives Verhalten ohne suizidale Absicht wird Automutilation genannt. Bei der Automutilation wiederum unterscheidet man selbstverletzendes Verhalten im engeren Sinne und artifizielle Störungen, die die Manipulation von Erkrankungen beschreibt.[4] Bei artifiziellen Störungen und bei der Simulation, die für das Vortäuschen einer Krankheit zu einem bestimmten Zweck steht, handelt es sich um heimliche Selbstverletzung; selbstverletzendes Verhalten im

---

[2] vgl. Schmeißer 2000, S.18
[3] Petermann und Winkel 2009, S.21
[4] vgl. Petermann und Winkel 2009, S. 21 beziehen sich auf Noeker, M. 2008b Funktionelle und somatforme Störungen

engeren Sinn ist hingegen die offene Selbstverletzung.[5]

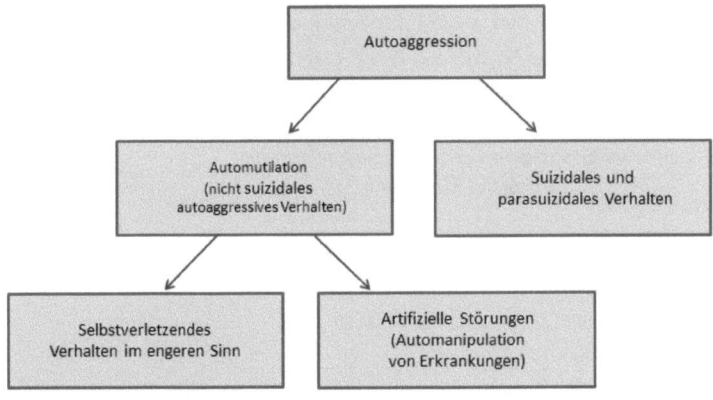

Schema der Terminologie selbstschädigenden Verhaltens nach Hänsli (1996)

[6]

Des Weiteren kann eine Unterscheidung in Bezug auf „Intensität und Verletzungs-grad, die Häufigkeit, die Dauer und die Regelmäßigkeit selbstverletzenden Verhal-tens"[7] gemacht werden. Im Folgenden werde ich mich mit selbstverletzendem Verhalten im engeren Sinne beschäftigen.

2.2 Definition von selbstverletzendem Verhalten

Eine „klare, umfassende und zugleich griffige Definition für das Phänomen der [offenen] Selbstverletzung"[8] bietet die folgende Formulierung der Autoren Peter-mann und Winkel, da sie eine klare Abgrenzung zu anderen Formen von selbst-schädigendem Verhalten herstellt: „Selbstverletzendes Verhalten ist gleichbedeu-tend mit einer funktionell motivierten Verletzung oder Beschädigung des eigenen Körpers, die in direkter und offener Form geschieht, sozial nicht akzeptiert ist und nicht mit suizidalen Absichten einhergeht."[9]

---

[5] vgl. Winkel und Petermann 2009, S.33 beziehen sich auf die Leitlinien der Deutschen Gesell-schaft für Kinder- und Jugendpsychiatrie und Psychotherapie, 2007
[6] entnommen aus Petermann und Winkel 2009, S.20
[7] Klosinski 1999, S.16
[8] Petermann und Winkel 2009, S.22
[9] Petermann und Winkel 2009, S.23

2.3 Zahlen und Fakten

Nach neusten Schätzungen sind 1,5% der deutschen Bevölkerung von selbstverletzendem Verhalten betroffen, wobei der Anteil der Frauen mit einem Verhältnis
von 5:1 deutlich überwiegt.[10] „Am häufigsten ist Selbstverletzendes Verhalten in
der Adoleszenz[*] und im frühen Erwachsenenalter zu finden."[11]

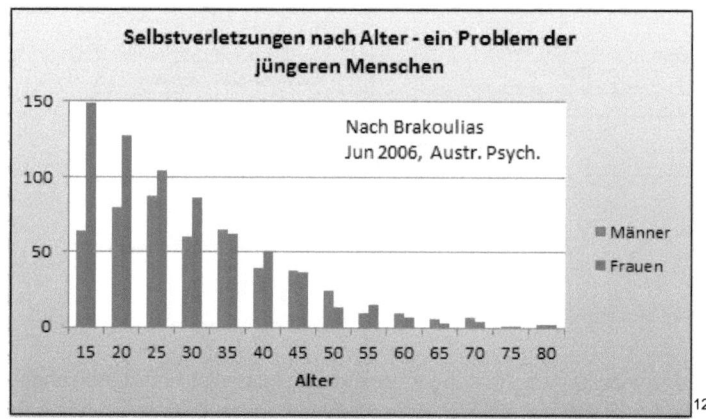

[12]

Von den Betroffenen ritzen sich 72%; verschiedene Studien ergaben, dass knapp
50% der Betroffenen gleichzeitig einen sexuellen Missbrauch erfahren haben.[11]
Zudem hassen 48% der Betroffenen ihren eigenen Körper und 69% fühlen sich
nach der Selbstverletzung kurzfristig besser.[13]

3 Psychoanalytische Erklärungsversuche

3.1 Grundüberlegung

Es gibt eine Reihe psychoanalytischer Erklärungsversuche für selbstverletzendes
Verhalten, die alle als Gemeinsamkeit die zentrale Bedeutung der frühen Kindheit
und der Beziehung zum ersten wichtigen Bezugsobjekt, auch Symbiose[*] genannt,
haben.[14] „Die Kindheit der meisten Betroffenen ist durch ein hohes Maß an Ver-
lust- und Trennungssituationen oder durch vielfältige Gewalterfahrungen ge-
prägt"[15], sodass es zu nachhaltigen Störungen, die Auswirkungen auf die Persön-
lichkeitsentwicklung und das spätere Leben haben, kommt. Diese Störungen sind

---

[10] vgl. http://www.rotelinien.de/information.html
[11] http://www.neuro24.de/show_glossar.php?id=1549
[12] entnommen aus http://www.neuro24.de/show_glossar.php?id=1549
[13] vgl. http://www.rotelinien.de/stat-gesamt.pdf
[14] vgl. Lorch 2003, S.6
[15] Schmeißer 2000, S.48

aus psychoanalytischer Sicht meist ursächlich für selbstverletzendes Verhalten in der Adoleszenz und frühen Erwachsenenzeit.[16]

Im Folgenden werde ich zunächst kurz die Grundzüge des psychischen Apparats nach dem Gründer der Psychoanalyse Sigmund Freud vorstellen, da diese die Basis dafür darstellen, um die psychoanalytischen Erklärungsversuche für selbstverletzendes Verhalten genauer zu betrachten. Der psychische Apparat nach Freud besteht aus drei Instanzen, dem „Es", dem „Ich" und dem „Über-Ich". Die älteste, von Geburt aus gegebene Ebene, das Es, beinhaltet alle Triebansprüche und das Lustprinzip, Libido*, und ist somit der Energielieferant des Menschen. Im weiteren Verlauf der Entwicklung bildet sich die Instanz des Ichs, die zunächst Vermittler zwischen dem Es und der Realität und später auch dem Über-Ich ist. Das Ich hat die Kontrolle über den Körper und entscheidet, wann und wie eine Handlung zur Triebbefriedigung ausgeführt wird, sodass sie verträglich mit der Realität und später auch mit dem Über-Ich ist. Das Über-Ich wird auch Gewissen genannt und beinhaltet beispielsweise Moral, Normen und Werte, die durch die Erziehung verinnerlicht wurden, sowie das Ich-Ideal*.[17]

3.2 Hintergründe

3.2.1 Störungen in der Kindheit

Die negativen Erfahrungen aus der Kindheit können grob in zwei Bereiche unterteilt werden. Der erste Bereich umfasst Deprivationszustände und der zweite beinhaltet jede Art eines Traumas.

3.2.1.1 Deprivation

„Unter Deprivation ist der Entzug oder das Vorenthalten von lebensnotwendigen bedürfnisbefriedigenden sowohl physischen als auch emotionalen Objekten oder Reizen zu verstehen."[18] Darunter fallen beispielsweise fehlende Fürsorge und Liebe der Eltern, in Folge dessen sich das Kind „allein und verlassen"[19] fühlt. Wenn dies ein Dauerzustand in der Entwicklung des Kindes ist, baut dieses ein negatives Lebensgefühl auf und nimmt seinen Körper nur noch als unlustvolle Quelle wahr, da die entstehenden Spannungen nicht, wie „normal", durch die Mutter abgebaut werden. Dies verkraftet das noch sehr labile Ich des Kleinkindes nicht, so-

---

[16] vgl. Petermann und Winkel 2009, S.78
[17] vgl. http://www.bruehlmeier.info/freud.htm
[18] Dubrow 2007, S.26 bezieht sich auf Dorsch 1987, S.134, Psychologisches Wörterbuch
[19] Schmeißer 2000, S.49

dass es seinen eigenen Körper bei der „Selbstgrenzbildung"[20] als Nicht-Selbst abspaltet und somit keine Integration in das Gesamtselbst stattfinden kann.[21] Zudem ist es auch möglich, dass die Mutter psychisch so instabil ist, dass sie ihr eigenes Kind braucht, um sich selbst zu stabilisieren, sodass Mutter und Kind die Rollen tauschen und es zu einer sogenannten Parentifizierung* kommt.[22] Eine weitere Form der Deprivation kann durch überbehütenden Erziehungsstil, auch Overprotection* genannt, stattfinden. „Dieser Zustand der Überstimulation kann erreicht werden, wenn das Kind für narzi[ss]tische[*] oder libidinöse Triebansprüche anderer Personen mi[ss]braucht wird."[23] Das bedeutet für das Kind, dass seine eigenen Wünsche und Neigungen missachtet werden und sich bei ihm, wie auch bei anderen Formen der Deprivation, ein negatives Lebensgefühl einstellt. Zusätzlich wird in einigen Fällen dieses negative Gefühl verfestigt, indem die Mutter im Münchhausen-by-proxy-syndrom* das eigene Kind benutzt, um sich selbst und die eigenen Träume zu verwirklichen.[24] Zusammenfassend kann man sagen, dass verschiedene Formen der Deprivation, meist durch psychisch labile Elternteile, zu massiven Störungen in der Ich-Bildung führen.

3.2.1.2 Traumata

„Wesentliche traumatische Erfahrungen bestehen in Trennungs- und Verlusterlebnissen vor dem zehnten Lebensjahr, Gewalt in Familien sowie körperlichem und sexuellen Missbrauch."[25] Diese Definition scheint bedeutende Bereiche traumatisierender Erfahrungen abzudecken, jedoch bleibt unklar, wie man eine einfache Erfahrung von einem Trauma abgrenzen kann. Aufgrund dessen scheint mir folgende unkonventionelle Formulierung passender: Ein Trauma „ist etwas Schlimmes, das auf dich zukommt und zwar plötzlich und unerwartet - und das du in der Kürze der Zeit nicht bearbeiten und bewältigen kannst."[26] Mit dieser Formulierung wird gleichzeitig deutlich, in welchem Maße ein solches Erlebnis die Psyche eines Menschen und vor allem die Psyche eines Kleinkindes angreift. Sowohl sexueller Missbrauch, körperliche Misshandlung, ein extremen Verlust als auch andere Formen der Missachtung von persönlichen Grenzen hinterlassen Spuren und er-

---

[20] Schmeißer 2000, S.49
[21] vgl. Schmeißer 2000, S.49f.
[22] vgl. Lorch 2003, S.6
[23] Schmeißer 2000, S.50f.
[24] vgl. Schmeißer 2000, S.50
[25] Petermann und Winkel 2009, S.92
[26] http://www.rotelinien.de/wilke.html

höhen nachweislich die Wahrscheinlichkeit von selbstverletzendem Verhalten in der späteren Entwicklung. Es gibt zahlreiche Studien, die diesen Zusammenhang bestätigen.[27] Jedoch stellt sich nun die Frage, was genau ein solches Trauma mit der Psyche des Kindes macht, sodass es später zu selbstverletzendem Verhalten kommt. Auf diese Frage kann es keine allgemein gültige Antwort geben, da jede traumatische Erfahrung anders und subjektiv ist. Trotzdem werde ich im Folgenden gehäufte Reaktionen auf bestimmte Arten von Traumata beschreiben, die im Zusammenhang mit späterem selbstverletzendem Verhalten stehen. Wenn ein Kleinkind aufgrund seines Schreiens Schläge als Strafe bekommt, lernt es zuweilen, dass die einzige Führsorge des Umfeldes bei einer Äußerung der Bedürfnisse Schmerz ist.[28] Wächst ein Kind in Affekt-labilen Situationen* auf, so kann es sein Umfeld nur schwer einschätzen und übernimmt damit die Schuld für die nächste körperliche Misshandlung.[29] „In dem Wunsch nach Zuneigung und Versorgung geben die Kinder den Kampf um die Liebe der Eltern niemals auf und lernen nicht, auf ihre eigenen Wünsche und Bedürfnisse zu achten.“[30] Bei sexuellem Missbrauch in der Familie können Kinder ebenfalls kein positives Selbstwertgefühl aufbauen, weil sie die schlechten Seiten der Eltern ihrem eigenen Selbstbild zuschreiben müssen, da sonst das Ich die erlebte Situation nicht verkraften könnte. Hierbei findet ein Verleugnungs-* und Projektionsmechanismus* statt, um die „Illusion eines liebevollen Elternpaares“[31] zu erhalten.[32]

3.2.2 Dissoziation als Bewältigungsmechanismus

Wenn der innerseelische Zustand des Ichs durch ein Trauma unerträglich ist, verfügt die menschliche Psyche unter anderem über einen Bewältigungsmechanismus, der Dissoziation genannt wird. Dabei werden die „logisch und emotional unvereinbaren Erfahrungen“ vom Rest der Persönlichkeit abgespalten. Dieser Abwehrmechanismus wirkt für die Psyche lebenserhaltend und schützend[33], jedoch geht die Dissoziation selbst beim Betroffenen „mit Gefühlen von Taubheit, Leere und Realitätsverlust einher.“[34] Die Wahrnehmung des Betroffenen ist gestört, so-

---

[27] vgl. http://www.neuro24.de/show_glossar.php?id=1549
[28] vgl. Dubrow 2007, S.26
[29] vgl. Dubrow 2007, S.28 bezieht sich auf Teuber, Kristin 2000, Ich blute also bin ich
[30] Dubrow 2007, S.28
[31] Schmeißer 2000, S.54
[32] vgl. Schmeißer 2000, S.54
[33] vgl. Schmeißer 2000, S.59
[34] Petermann und Winkel 2009, S.106

dass dieser seinen eigenen Körper und die Umwelt nicht mehr richtig spüren beziehungsweise erleben kann.[35] Zudem kann sich die Dissoziation als Abwehrmechanismus bei ähnlichen Situationen „langfristig verselbstständigen und zu enor-
men inneren Spannungen und Konflikten führen."[36]

3.2.3 Auswirkungen auf das Ich-Ideal und die Persönlichkeitsstruktur

Ist die Psyche eines Kindes durch Deprivations- und Misshandlungszuständen
gezwungen, frühzeitig aus der Ohnmacht der Abhängigkeit zu einer Bezugsperson
in die Selbstständigkeit zu flüchten, kann dies ein überhöhtes Ich-Ideal zur Folge
haben. Ein überhöhtes Ich-Ideal im Über-Ich stellt dem Ich nicht erfüllbare Anspru-
che in Eigenschaften, wie beispielsweise Leistung, Kompetenz, Denken und Un-
abhängigkeit.[37] Wenn das Kind beispielsweise mit häufigen Schuldzuweisungen,
emotionaler Verarmung, frühe Übernahme der Elternrolle und häufigen Schuldzuweisungen einer strengen Bezugsperson aufwächst, kann sich daraus ein überhöhtes Ich-Ideal entwickeln.[38] Überdies wird durch solche Umweltbedingungen
beim Kind ein labiles und gestörtes Selbstwertgefühl entwickelt, welches in Kombination mit einem archaischen* strengen Über-Ich zu enormer Selbstabwertung
und Selbsthass führt.[39] Zudem wird das Erlernen von innerer Objektkonstanz* verhindert, indem eine Bezugsperson unzureichend vorhanden ist, sodass es in Situationen des Alleinseins zu innerseelischen Spannungszuständen und einem subjektiv, gefühlten Objektverlust kommt.[40] Insgesamt bildet sich daraus ein Ich, das
durch geringe Frustrations- und Angsttoleranz innere und äußere Konflikte kaum
aushalten kann und es sehr schnell zu einem inneren Druck kommt.[41]

3.3 Funktionen von selbstverletzendem Verhalten für Betroffene und ihre Psyche

Selbstverletzendes Verhalten kann für die Betroffenen verschiedene Funktionen
einnehmen, deren Bedarf meist durch eine schwierige Kindheit begründet ist. Ei-
nige dieser Funktionen werde ich im Folgenden näher betrachten und eine Ver-
bindung zu der eigentlichen Ursache in der früheren Entwicklung herstellen.

---

[35] vgl. Petermann und Winkel 2009, S.106
[36] Schmeißer 2000, S.59 bezieht sich auf Sachsse 1997, S.48 Selbstverletzendes Verhalten
[37] vgl. Schmeißer 2000, S.55
[38] vgl. Klosinski 1999, S.92
[39] vgl. Klosinski 1999, S.94
[40] vgl. Lorch 2003, S.6f.
[41] vgl. Schmeißer 2000, S.65f.

3.3.1 „Wendung gegen das Selbst"

Nach Anna Freuds Überlegungen benutzt das Ich in der menschlichen Psyche unbewusste Abwehrmechanismen, um Zustände von Unlust und Angst zu vermeiden.[42] Ist ein Gefühl unerträglich für das Ich, so greifen Abwehrmechanismen, um Linderung zu verschaffen. Einer von diesen zehn Abwehrmechanismen nach Anna Freud ist die „Wendung gegen das Selbst".[43] Er beinhaltet den Trieb der Aggression, die der Betroffene gegen sich selbst an Stelle der eigentlichen Ursache wendet. Diese eigentliche Ursache kann beispielsweise eine Person im Umfeld des Betroffenen sein. In diesem Fall lässt ein überhöhtes Ich-Ideal, das, wie oben beschrieben, seinen Ursprung in der Kindheit hat, keine Aggressivität nach außen zu, sodass der Trieb der Aggression gegen sich selbst gerichtet, Befriedigung findet.[44] Zudem wird dadurch verhindert, dass der Betroffene sich bei der eigentlichen Person unbeliebt macht und ein mögliches Verlustgefühl bezogen auf die Beziehung zu dieser Person abwendet, sodass die Gefühle der Deprivationszustände in der Kindheit nicht wiederholt werden.[45] Zusätzlich kann ein überhöhtes Ich-Ideal dazu führen, dass der Betroffene Selbstverachtung und Selbsthass entwickelt, da diese überhöhten Ansprüche nicht erfüllt werden können. Auch hier führt das unerträgliche Gefühl für das Ich dazu, dass die Aggression gegen sich selbst, als Selbstbestrafung, gerichtet wird.[46] Häufig tritt die Funktion der Selbstbestrafung bei Betroffenen mit sexuellem Missbrauch in der Vergangenheit auf, weil sie sich selbst für die Vergewaltigung die Schuld geben, da sie denken, dass sie sich mehr hätten wehren können.[47]

3.3.2 Suizidprophylaxe

Selbstverletzendes Verhalten kann auch Ausdruck eines Kompromisses zwischen dem Thanatos, Todestrieb, und dem Eros, Lebenstrieb, sein.[48] Sind zum Beispiel die Schuldgefühle, Opfer eines sexuellen Missbrauchs geworden zu sein, so groß, dass der Todestrieb vom Über-Ich unterstützt immer stärker wird, so führt die Selbstverletzung zu einer Teilbefriedigung des Todestriebes und ermöglicht ein

---

[42] vgl. http://www.seele-und-gesundheit.de/psycho/abwehrmechanismus.html
[43] vgl. Freud 1973, S.36
[44] vgl. Klosinski 1999, S.92
[45] vgl. http://www.seele-und-gesundheit.de/psycho/abwehrmechanismus.html
[46] vgl. Klosinski 1999, S.92f.
[47] vgl. Schmeißer 2000, S.62
[48] vgl. Klosinski 1999, S.91

Weiterleben.[49] „Der reale Wert der Selbstverstümmelung könnte darin liegen, einen vollendeten Suizid abzuwenden"[50].

3.3.3 Selbstfürsorge

Eine weitere Funktion von selbstverletzendem Verhalten stellt die Selbstfürsorge dar. Dieser Funktion liegt eine Störung der Symbiose zugrunde, was ich mit Hilfe eines Beispiels näher erläutern möchte. Wenn ein Kind eine überforderte Mutter in den ersten Lebensjahren hatte, die auf das Schreien des Kindes mit Schlägen reagierte, so hat das Kind gelernt, dass die einzigste Fürsorge bei inneren Spannungszuständen, wie beispielsweise Hunger, Schmerz ist. Damit ist Liebe und Zuneigung durch eine Störung in der Symbiose immer mit Schmerz verbunden.[51] Im späteren Leben führen erneute Spannungszustände dazu, dass der Betroffene sich selbst und seinem Körper nur mit Schmerz in Form der Selbstverletzung zuwenden kann.[52] Es kommt in solchen Situationen zu einer Reinszenierung der frühkindlichen Erfahrungen, da ebenfalls auf Spannungszustände mit Schmerz reagiert wird.[53] Spannungszustände können beispielsweise Verlustängste, Versagen, Misserfolg oder Konfliktsituationen jeglicher Art sein, wobei „Einsamkeit und Entscheidungssituationen"[54] eine besondere Gefährdung darstellen, „da sie eine Wiederholung der frühkindlichen Erfahrungen sind."[55]

3.3.5 Verhinderung der Desintegration

In Situationen des Alleinseins und der Einsamkeit kann es bei Betroffenen durch das Nichterlernen von innerer Objektkonstanz zu Gefühlen tiefer Traurigkeit und Leere kommen.[56] Diese Gefühle können sehr stark vergangenen Dissoziationserfahrungen ähneln, die für die Bewältigung eines Traumas benutzt wurden. Hat sich dadurch eine Verselbstständigung von Dissoziation als Bewältigungs- und Fluchtmittel solcher gefährlichen Gefühle in der Psyche entwickelt, droht nun eine erneute Aufspaltung des Ichs. Hierbei verschwimmen für den Betroffenen jegliche

---

[49] vgl. Schmeißer 2000, S. 62
[50] Lorch 2003, S.7 bezieht sich auf Menninger, Frankfurt/Main 1989, Selbstzerstörung. Psychoanalyse des Selbstmords!
[51] vgl. Schmeißer 2000, S.60
[52] vgl. Lorch 2003, S.7 bezieht sich auf Sachsse, Göttingen 1997, S.34ff., Selbstverletzendes Verhalten
[53] vgl. Schmeißer 2000, S.60
[54] Schmeißer 2000, S.60
[55] Schmeißer 2000, S.61
[56] vgl. Lorch 2003, S.6f.

körperlichen Grenzen und sie können sich selbst nicht mehr spüren.[57] Anstelle der normalen Körperwahrnehmung tritt ein Gefühl der Taubheit und sie fühlen sich tot, obwohl sie lebendig sind.[58] In diesem Zustand hilft selbstverletzendes Verhalten die erneute, drohende Fragmentierung des Ichs aufzuhalten, da es durch den Reiz des Schmerzes möglich wird, den eigenen Körper wieder zu spüren, sodass das Gefühl der Taubheit zurückgeht und der eigene Körper wieder besetzt werden kann.[59]

4 Fazit und Ausblick

Ausgangspunkt dieser Facharbeit waren meine Beobachtungen von selbstverletzendem Verhalten Jugendlicher in meiner Umgebung, für die ich Erklärungen aus psychoanalytischer Sicht gesucht habe. Ich wollte die Betroffenen und ihre Psyche besser verstehen und ihr Handeln nachvollziehen können. Im Verlauf meiner Ausführungen habe ich eine Reihe von diesen Erklärungsversuchen beschrieben. Gleichwohl bin ich mir bewusst, dass die Gründe für Autoaggressionen vielfältig sein können, die einzelnen Fälle sich zum Teil erheblich voneinander unterscheiden und oftmals auch mehrere Faktoren zusammenwirken. Insgesamt kann jedoch festgehalten werden, dass – aus psychoanalytischer Sicht - die Ursachen für Autoaggressionen in der Vergangenheit des Betroffenen, meist sogar in der frühen Kindheit, zu suchen sind. Das Wissen um diesen Umstand ist sehr wichtig, um die Verhaltensweisen der Heranwachsenden besser verstehen und ihnen nachhaltig helfen zu können. Die meisten Außenstehenden oder sogar Familienangehörige und Freunde reagieren in der Regel bestürzt und verständnislos auf selbstverletzendes Verhalten. Durch meine Beobachtungen wurde mir bewusst, dass sowohl wohlgemeinte Ratschläge als auch Drohungen nahestehender Personen Selbstverletzungen bei Jugendlichen nicht verhindern. In der Regel wirken diese Versuche der Einflussnahme eher kontraproduktiv, da für den Betroffenen dadurch ein noch größerer Druck aufgebaut wird. Professionelle Hilfe ist hier unerlässlich. Wie kann diese aussehen? Würde man die Betroffenen ausschließlich verhaltenstherapeutisch betreuen, das heißt, „nur" die Symptome mithilfe von Konditionierung behandeln und die Ursachen in der Kindheit vernachlässigen, so wäre die Therapie nicht dauerhaft erfolgreich, da immer wieder nachkonditioniert werden müsste.

---

[57] vgl. Schmeißer 2000, S.61f.
[58] vgl. Lorch 2003, S.9f.
[59] vgl. Schmeißer 2000, S.61

Therapeut und Jugendlicher müssen hingegen die Vergangenheit mit Hilfe von Gesprächen zusammen aufarbeiten und die Gründe für das gezeigte autoaggressive Verhalten suchen. Nur in der Kombination von Psychoanalyse und Verhaltenstherapie kann den Betroffenen dauerhaft geholfen werden, da zum einen den akuten Symptome mit Hilfe von Skills* entgegen gewirkt wird und zum anderen die Ursachen aufgearbeitet werden. Jedoch kann auch jede Therapie an ihre Grenzen stoßen, da es für den Betroffenen oft sehr schwer ist, alte, automatisierte Verhaltensmuster aufzubrechen und nicht rückfällig zu werden. Zudem wird nach meinen Erfahrungen selbstverletzendes Verhalten häufig von Betroffenen als Teufelskreis beschrieben, da die meisten danach zunächst eine kurzfristige Erleichterung spüren, jedoch später ein schlechtes Gewissen mit verbundenem Selbsthass bekommen, welches erneut zu selbstverletzendem Verhalten führt. Daher können in der Regel nur professionelle Hilfe über einen längeren Zeitraum und kontinuierliche Arbeit an sich selbst den Teufelskreis durchbrechen und das Bedürfnis nach Selbstverletzung verkleinern oder bestenfalls auslöschen.

Glossar

Adoleszenz

„Übergang von der Kindheit zum Erwachsenenalter"[60]

Affekt-labilen Situationen

„Wechsel der lieblosen Atmosphäre mit Phasen der Zuneigung und Zärtlichkeit"[61]

Ich-Ideal

Bewusste Idealvorstellung des Ichs im Über-Ich[62]

Libido

Triebenergie im Es, die nach Lust strebt[63]

Münchhausen-by-proxy-syndrom

„Das Münchhausen-by-proxy-Syndrom ist eine Sonderform der artifiziellen Störung, bei der physisch gesunde Personen bei einem anderen Menschen (häufig dem eigenem Kind) Krankheiten vortäuschen oder bewusst herbeiführen, um anschließend eine medizinische Behandlung zu verlangen."[64]

narzisstisch -Adjektiv von Narzissmus-

Selbstliebe oder Selbstverliebtheit[65]

Objektkonstanz -auch Objektpermanenz genannt-

„Die Objektpermanenz oder auch Personenpermanenz ist die kognitive Fähigkeit, zu wissen, dass ein Objekt (oder eine Person) auch dann weiterhin existiert, wenn es sich außerhalb des Wahrnehmungsfeldes befindet."[66]

Overprotection

„Overprotection (Überbehütung) ist die überbesorgte Grundhaltung von Erziehern oder Eltern gegenüber ihren Schützlingen (Kinder, Kranke, Behinderte), die Unselbständigkeit und Unsicherheit, Ängstlichkeit oder andere Anpassungsstörungen zur Folge haben kann."[67]

---

[60] http://www.aerzteblatt.de/archiv/141051/Adoleszenz-seelische-Gesundheit-und-psychische-Krankheit

[61] Dubrow 2007, S.28

[62] vgl. https://www.uni-due.de/agpaedagogischejugendforschung/pdf/01-12-03text.pdf

[63] vgl. http://arbeitsblaetter.stangl-taller.at/WISSENSCHAFTPSYCHOLOGIE/PSYCHOLOGEN/Freud.shtml

[64] http://flexikon.doccheck.com/de/M%C3%BCnchhausen-by-proxy-Syndrom

[65] vgl. http://www.spektrum.de/lexikon/neurowissenschaft/narzissmus/8236

[66] http://de.cyclopaedia.net/wiki/Objektkonstanz

[67] http://lexikon.stangl.eu/3833/overprotection/

Parentifizierung

„Parentifizierung beschreibt eine Art Rollenumkehr zwischen Eltern und Kind, wobei die Eltern dem Kind eine nicht kindgerechte und vor allem überfordernde ‚Eltern-Rolle' zuweisen."[68]

Projektionsmechanismus

Projektionsmechanismus beschreibt die Übertragung der eigenen Gedanken, Gefühle, Meinungen und Charakterzüge auf andere, um die eigenen Fehler zu bekämpfen[69] und gehört zu den Abwehrmechanismen.

Skills

Ersatzhandlungen für selbstverletzendes Verhalten, wie beispielsweise Sport, andere Arten von Ablenkung oder Schreien zur Frustbewältigung[70]

Symbiose

„Symbiose [...] in der Psychologie beschreibt bestimmte Formen von Abhängigkeit beim Menschen"[71], wie beispielsweise die Beziehung zwischen Mutter und Kind.

Verleugnungsmechanismus

Beim Verleugnungsmechanismus wehrt sich das Ich gegen die wahrgenommene Realität, indem sie diese verleugnet und die damit verbundenen, unangenehmen Gefühle ausblendet. Auch hierbei handelt es sich um einen Abwehrmechanismus.[72]

---

[68] http://lexikon.stangl.eu/1172/parentifizierung/
[69] vgl. http://www.karteikarte.com/card/211461/was-ist-der-projektionsmechanismus
[70] vgl. http://www.rotelinien.de/
[71] http://de.wikipedia.org/wiki/Symbiose_%28Psychologie%29
[72] vgl. http://www.therapeut-berlin.de/index.php?option=com_content&view=article&id=2804:abwehrmechanismus-z-b-verdraengung-verleugnung-substitution-savunma-mekanizmalari&catid=39:a&Itemid=1

Literaturverzeichnis

Fachliteratur:

Dubrow, Christin: Selbstverletzendes Verhalten. Ursachen, Erscheinungsformen und Hilfsmöglichkeiten aus der subjektiven Sicht Betroffener, Coburg 2007

Freud, Anna: Das Ich und die Abwehrmechanismen, München 1973

http://www.rotelinien.de/poem54.html, aufgerufen am 07.02.2014

Klosinski, Gunther: Wenn Kinder Hand an sich legen. Selbstzerstörerisches Verhalten bei Kindern und Jugendlichen, München 1999

Lorch, Nicole: Autoaggression. Beschreibung, Erklärungsansätze, Therapiemöglichkeiten, München 2003

Petermann, Franz / Winkel, Sandra: Selbstverletzendes Verhalten. 2., überarbeitete und erweiterte Auflage, Göttingen 2009

Schmeißer, Sybille: Selbstverletzung. Symptome, Ursachen, Behandlung, Münster

Internet:

http://arbeitsblaetter.stangl-taller.at/WISSENSCHAFTPSYCHOLOGIE/PSYCHOLOGEN/Freud.shtml, aufgerufen am 01.03.2014

http://de.cyclopaedia.net/wiki/Objektkonstanz, aufgerufen am 01.03.2014

http://de.wikipedia.org/wiki/Symbiose_%28Psychologie%29, aufgerufen am 01.03.2014

http://flexikon.doccheck.com/de/M%C3%BCnchhausen-by-proxy-Syndrom, aufgerufen am 01.03.2014

http://lexikon.stangl.eu/1172/parentifizierung/, aufgerufen am 01.03.2014

http://lexikon.stangl.eu/3833/overprotection/, aufgerufen am 01.03.2014

http://www.aerzteblatt.de/archiv/141051/Adoleszenz-seelische-Gesundheit-und-psychische-Krankheit, aufgerufen am 09.02.2014

http://www.bruehlmeier.info/freud.htm, aufgerufen am 17.02.2014

http://www.karteikarte.com/card/211461/was-ist-der-projektionsmechanismus, aufgerufen am 01.03.2014

http://www.neuro24.de/show_glossar.php?id=1549, aufgerufen im Zeitraum vom 09.02.2014 bis zum 24.02.2014 http://www.rotelinien.de/, aufgerufen am 01.03.2014

http://www.rotelinien.de/information.html, aufgerufen am 24.02.2014

http://www.rotelinien.de/stat-gesamt.pdf, aufgerufen am 09.02.2014

http://www.rotelinien.de/wilke.html, aufgerufen am 11.02.2014

http://www.seele-und-gesundheit.de/psycho/abwehrmechanismus.html, aufgerufen am 19.02.2014

http://www.spektrum.de/lexikon/neurowissenschaft/narzissmus/8236, aufgerufen am 01.03.2014

http://www.therapeut-berlin.de/index.php?option=com_content&view=article& id=2804:abwehrmechanismus-z-b-verdraengung-verleugnung-substitution-savunma-mekanizmalari&catid=39:a&Itemid=1, aufgerufen am 01.03.2014

https://www.uni-due.de/agpaedagogischejugendforschung/pdf/01-12-03text.pdf, aufgerufen am 01.03.2014